ADRIEN,

OPERA EN TROIS ACTES.

ACTE PREMIER.

*Le théatre représente une partie de la ville d'Antioche. On voit dans le fond, le pont triomphal, jetté sur le fleuve Oronte. A gauche s'éleve le palais de l'empereur, & à droite un temple. Le tout est disposé & orné pour le triomphe d'*ADRIEN. *Le jour commence à poindre.*

SCENE PREMIERE.

FLAMINIUS, PHARNASPE, COSROÈS déguisé en soldat.

FLAMINIUS à PHARNASPE.

PRINCE, c'est dans ce jour à jamais glorieux,
Qu'Adrien triomphant du Parthe & de l'Asie,
D'un éclat immortel doit illustrer sa vie:

A

Aussi-tôt que l'aurore aura rougi les cieux,
Dans les murs d'Antioche il fera son entrée :
On l'attend ; & déjà les ministres des Dieux
Disposent la pompe sacrée.
Si vous voulez vous offrir à ses yeux,
Étrangers, c'est ici que vous devez l'attendre ;
De sa gloire, pour vous, il daignera descendre,
Et vous honorera d'un accueil gracieux.
Il n'a point des tyrans les maximes cruelles ;
Adoré des soldats, & craint des ennemis,
Il porte la terreur chez les peuples rebelles,
La paix & le bonheur chez les peuples soumis.

(*Il sort.*)

SCENE II.

COSROÈS, PHARNASPE.

COSROÈS.

O DES Romains orgueil insupportable !
Dieux ! & vous protégez de ces brigands heureux
L'ambition insatiable !
Jusqu'à quand, Jupiter, combattras-tu pour eux ?
Ah, si ma fille prisonnière
Par ses dangers n'enchaînoit ma fureur,
Du triomphe moi-même effaçant la splendeur,

Au milieu de l'éclat dont son âme est si fiere,
J'attendrois le tyran pour lui percer le cœur.

PHARNASPE.

O mon roi, modérez ou cachez votre haine.
A ce noble ressentiment,
Cosroës se trahit sous ce déguisement.
Offrons à l'Empereur la rançon d'Emirène.
Mais si, comme on le dit, épris de ses appas,
Le vainqueur a juré de ne la rendre pas,
N'écoutons plus que notre rage;
Mettons tout notre espoir dans un dernier effort,
Ravissons au tyran ce trop précieux gage,
Cherchons aveuglément la victoire ou la mort.

COSROES.

O digne époux d'une fille chérie,
Ta noble audace a soulagé mon cœur.

PHARNASPE.

Pharnaspe à votre fille a consacré sa vie,
Il vivra son époux, ou mourra son vengeur.

Ensemble.

O Dieux! témoins de nos allarmes,
Si des cruels Romains vous protégez les armes,
Ah! du moins épargnez mon épouse & mon roi.

COSROÈS.

O Dieux! auteurs de nos allarmes,
Dieux! si de ces brigands vous protégez les armes,
Epargnez mes enfans, & ne frappez que moi.

(On apperçoit des troupes de soldats & de peuple qui passent de l'autre côté du fleuve, & l'on entend les instruments qui annoncent la marche triomphale.)

PHARNASPE.

Qu'entends-je ? . . . Du tyran le triomphe s'apprête.

COSROÈS.

Et nous serions témoins de cette indigne fête.

(Le bruit redouble, & le peuple se rassemble sur la rive opposée & sur le pont, pour voir l'empereur à son passage.)

COSROÈS & PHARNASPE.

O Jupiter, seconde-nous.
Finis mon malheur ou ma vie;
Livre ma tête au vainqueur de l'Asie,
Ou fais qu'il tombe sous mes coups.

CHŒUR de PEUPLE, *pendant le duo.*

Règne à jamais, règne sur nous,
Vainqueur du Parthe & de l'Asie;
Et que le Ciel, qui prend soin de ta vie,
Te comble des biens les plus doux.

COSROÈS.

Sur l'Oronte déjà le peuple se rassemble;
Je ne puis soutenir ces odieux apprêts;
Pharnaspe, éloignons-nous, & concertons ensemble
Les moyens d'accomplir nos terribles projets.

(Ils sortent.)

SCENE III.

ADRIEN, FLAMINIUS, EMIRÈNE, Peuple d'Antioche, Soldats Romains, Prêtres Syriens, Prisonniers Parthes, Femmes d'ÉMIRENE, RUTILE, Lutteurs, Gladiateurs, Tibiaires, & tout le cortège d'une pompe triomphale.

CHŒUR de PEUPLE.

REGNE sur nous, toujours grand, toujours juste,
Redouté de l'Asie, & de Rome adoré.
Règne, César, & que ton front auguste
S'accoutume au laurier sacré.

(*Après le premier chœur on voit Adrien passer sur le pont, dans un char traîné par deux chevaux blancs.*)

FLAMINIUS à l'Empereur.

Arbitre souverain de Rome souveraine,
Fais voler tes décrets au bout de l'univers.
Et que le monde, orgueilleux de ses fers,
Bénisse la main qui l'enchaîne.

CHŒUR.

Arbitre souverain, *&c.*

(*Adrien descend du char & se place sur le trône. Les peuples vaincus viennent lui rendre hommage, & les Syriens forment plusieurs danses.*)

CHŒUR de FEMMES, *chanté & dansé.*

Chéri de Mars & d'Apollon,
De cent Peuples ſoumis, Céſar, reçois l'hommage,
Et que l'écho du plus lointain rivage,
Apprenne à répéter ton nom.

CHŒUR GÉNÉRAL.

Regne ſur nous, toujours grand, toujours juſte;
Redouté de l'Aſie, & de Rome adoré:
Regne, Céſar, & que ton front auguſte
S'accoutume au laurier ſacré.

ADRIEN.

Soldats, vous m'offrez un Empire
Conquis & ſoutenu par vos brillans exploits:
Puiſſé-je des Romains juſtifier le choix,
C'eſt la ſeule gloire où j'aſpire.
Ce n'eſt point moi que vous ſervez;
C'eſt Rome, Rome ſeule à qui vous vous devez.
Au faîte des grandeurs je ſaurai reconnaître
Que je ſuis votre chef, & non pas votre maître.
Reſpectons, vous le trône, & moi la liberté.
Empereur & Sujets, ce ſaint nom nous raſſemble;
Réunis par l'honneur, nous ſervirons enſemble
Pour la gloire de Rome & ſa proſpérité.

CHŒUR avec tranſport.

Regne ſur nous, &c.

(*Le Divertissement recommence, & il consiste en danſes voluptueuſes formées par le peuple de Syrie, & en jeux militaires des Romains.*)

ADRIEN interrompt le Divertiſſement.

Dérobez aux captifs l'appareil d'une fête
Qui peut accroître leur douleur :
Qu'ils entrent au palais, & ſur-tout qu'on les traite
Avec tout le reſpect que l'on doit au malheur.

(*Les captifs paſſent devant ADRIEN, & le ſaluent, puis ils entrent au palais. Emirène les suit avec ses Femmes; mais au moment où elle passe devant le trône, Adrien en descend, & l'arrête.*)

ADRIEN.

Allez, belle Emirène ; embelliſſez l'aſyle
Que j'ai pris ſoin d'orner pour ſoulager vos maux;
Et puiſſe enfin votre ame plus tranquille,
Céder aux douceurs du repos.

EMIRENE.

Seigneur, depuis l'inſtant où vainqueur de mon pere,
Vous m'avez ſans pitié ravie à ſon amour,
Votre captive en proie à ſa douleur amere,
Gémit toute la nuit, & pleure tout le jour.

ADRIEN.

Belle captive, appaiſez vos allarmes.
Je ne ſuis point un farouche guerrier :
Ah! ſi mes ſoins ont pour vous quelques charmes,

Je mettrai mon plaisir à vous faire oublier
Qu'Adrien fit couler vos larmes.
A l'Univers quand je donne la loi,
Ma puissance sur vous n'étend point son empire,
Et dans ces lieux où votre cœur soupire,
(*Plus bas.*) Vous êtes plus libre que moi.

FLAMINIUS, bas à l'Empereur.

O César ! d'un Romain est-ce là le langage ?

ADRIEN, à part.

O gloire trop sévère ! O pénible combat !

RUTILE à l'Empereur.

Un Prince suppliant, & suivi d'un soldat,
De Cosroës vaincu vient vous porter l'hommage.

FLAMINIUS.

C'est Pharnaspe.

EMIRENE, à part.

Grands Dieux ! soutenez mon courage.

ADRIEN.

Emirène, que vois-je ? un funeste nuage
De vos yeux a terni l'éclat.

FLAMINIUS, à CÉSAR.

Songez à votre gloire.

ADRIEN, à part.

O pénible combat.

(*à Emirene.*)

Allez, belle Emirène, embellissez l'asyle

Que

Que j'ai pris ſoin d'orner pour ſoulager vos maux ;
Et puiſſe enfin votre ame plus tranquille
Céder aux douceurs du repos.

(*Emirène paſſe dans le Palais avec ſes Femmes.*)

SCENE IV.

ADRIEN, FLAMINIUS, RUTILE, SOLDATS, PEUPLE.

ADRIEN.

A MES yeux maintenant l'étranger peut paroître.

(*RUTILE ſort.*)

FLAMINIUS.

Dans ce jour de triomphe, ô Céſar, ô mon maître !..

ADRIEN.

Ami, je vous entends, repoſez-vous ſur moi.

(*Il monte ſur le trône.*)

FLAMINIUS, à part.

Dieux ! Céſar à ce point peut-il ſe méconnoître ?
Un Romain ſoupirer pour la fille d'un Roi !

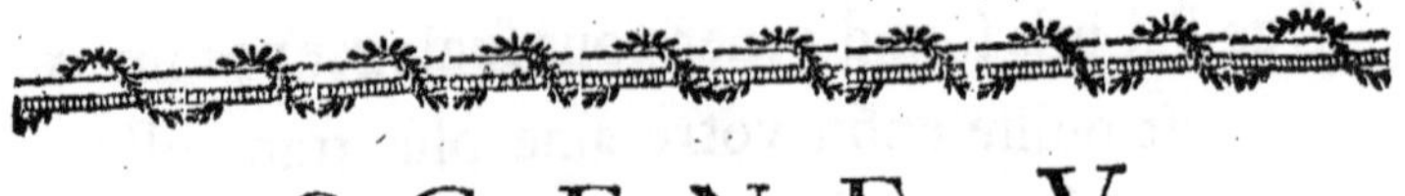

SCENE V.

LES ACTEURS PRÉCÉDENS.

PHARNASPE, COSROES *en Soldat Parthe.* RUTILE *les précède.*

PHARNASPE, à l'Empereur.

DANS ces lieux tout brillans de ta magnificence,
Quand le Ciel voit d'un œil jaloux
Le monde dans tes fers, & Rome à tes genoux,
César, un ennemi vient avec confiance
De ton cœur magnanime implorer la clémence.
Adverſaire inégal, j'ai voulu trop long-tems
Au Héros des Romains diſputer la victoire;
Mais vaincu par ton bras, ébloui par ta gloire,
Je dépoſe à tes pieds tous mes reſſentimens.

ADRIEN.

Pharnaſpe, eſpérez tout de Rome triomphante:
L'étranger, les Rois même, alors qu'ils ſont ſoumis,
Accueillis dans ſon ſein, deviennent ſes amis;
Et Rome eſt généreuſe autant qu'elle eſt puiſſante.

PHARNASPE.

Généreuſe? Céſar, tu peux me le prouver;
C'eſt toi, c'eſt ta vertu que je viens éprouver.

Depuis un mois entier la Princesse Emirène
Regrette sa patrie, & gémit sous ta chaîne;
Seigneur, brise ses fers. De la part de mon Roi,
Je t'offre une rançon digne d'elle & de toi.

ADRIEN, fièrement.

Dites à votre Roi qu'il cesse d'y prétendre;
Je mets toute ma gloire à combattre, & mes mains
Ne font point un commerce indigne des Romains.
César fait des captifs, & ne sait pas les vendre.

PHARNASPE.

Ainsi donc, sans rançon tu consens à la rendre?

ADRIEN, avec dépit.

Du sort des prisonniers Rome doit décider:
Je veux les y conduire; & la belle Emirene,
Comme un autre, à ma suite, y portera sa chaîne;
C'est là, Prince, qu'il faut la venir demander.

PHARNASPE.

Avant que jusqu'à Rome on la force à te suivre,
Emirene, Seigneur, aura cessé de vivre.
La fille de mon roi, captive de César,
Seroit indignement attachée à son char!
Crois-tu que son amant souffre cette infamie?

ADRIEN.

Son amant? Quel est-il?

PHARNASPE.

Tu le vois devant toi.

ADRIEN, *à part.*

O Ciel !

PHARNASPE.

A mon amour quand elle fut ravie,
Par les nœuds de l'hymen elle alloit m'être unie,
Et dès long-tems le Ciel a reçu notre foi.

FLAMINIUS, *à part.*

Quelle épreuve, César !

ADRIEN, *à part.*

O destin trop contraire !
(*à Pharnaspe.*)
Mais pourquoi dans ces lieux ne vois-je point son pere ?
Respire-t-il encore ? A-t-il craint mon aspect ?
Quels sont ses sentimens ?

COSROES, *qui s'avance.*

Je les sais, il te hait.

ADRIEN.

Qu'entends-je? quel est donc ce soldat qui m'outrage?

COSROES.

Je suis ton ennemi, je le serai toujours ;
Et si le Ciel enfin seconde mon courage,
De tes prospérités j'interromprai le cours.

ADRIEN se lève.

Holà, gardes !... mais non ; dans un jour ſi proſpere,
Je puis bien d'un barbare excuſer la colere.
(Il descend du trône.)

COSROES.

Va ! ceſſe d'affecter une fauſſe vertu ;
Réponds-nous ſans détour, parle-nous ſans myſtere :
Rendras-tu la captive, ou la garderas-tu ?

ADRIEN.

Vous avez entendu ma volonté derniere,
Craignez que mes ſoldats juſtement irrités,
Ne vous faſſent connaître à qui vous inſultez.

PHARNASPE, à l'Empereur.

Garde cette beauté qui te ſera fatale,
Mais ſonge que mon roi peut trouver un vengeur ;

COSROES.

Et ſi ſa force égale ſa valeur,
Le deuil ſuivra de près ta pompe triomphale.
(Il ſort avec PHARNASPE.)

SCENE VI.

ADRIEN, FLAMINIUS, SOLDATS, PEUPLE.

ADRIEN.

D'UN barbare ennemi mépriſons la fureur,
Mais dans ſon déſeſpoir qui peut tout entreprendre,

Craignons en ce palais de nous laisser surprendre :
Soldats, abandonnez ces lieux ;
J'irai bientôt au camp me montrer à vos yeux.
(Les Soldats sortent sur une marche guerriere ; le Peuple les suit. FLAMINIUS seul reste près d'ADRIEN & l'observe.

SCENE VII.

ADRIEN, FLAMINIUS.

FLAMINIUS.

CÉSAR vous m'évitez, ma présence vous gêne,
Et mon zèle importun fatigue votre cœur :
Un autre en ce moment flatteroit votre erreur ;
Mais dussent mes conseils m'attirer votre haîne,
J'éclairerai l'abîme où l'amour vous entraîne,
Et je braverai tout pour vous sauver l'honneur.
César, c'est Rome qui te prie ;
Lorsque le monde obéit à tes loix,
Lorsque ton bras triomphe de l'Asie,
Ne trouble point le cours d'une si belle vie ;
César, ne ternis point l'éclat de tes exploits.
Eh quoi ! déjà ton cœur oublie
Que Sabine dans Rome avoit reçu ta foi ?
Tu la trahis pour la fille d'un roi !
César, c'est Rome qui te prie ;

A l'époux qui reçut sa foi,
Rends une esclave trop chérie,
Cet effort est digne de toi;
Ne trouble point le cours d'une si belle vie;
Lorsque le monde obéit à tes loix,
Lorsque ton bras triomphe de l'Asie,
César, ne ternis point l'éclat de tes exploits.

(*Il sort.*)

SCENE VIII.

ADRIEN seul.

Ou suis-je? & que viens-je d'entendre?
Du trouble de mes sens je ne puis me défendre.
Eh quoi donc, jusques-là je me laisse avilir?
Lorsque Flaminius à l'honneur me rappelle,
Foible amant, je ne sais que me taire & rougir!
O douloureux combats! ô peine trop cruelle!
Témoins de ma foiblesse, achevez, justes Dieux,
D'arracher le bandeau qui me couvre les yeux.
Déité des Romains, noble amour de la gloire,
Dissipe une trop douce erreur:
D'un funeste ascendant viens délivrer mon cœur;
C'est de toi que j'attends cette grande victoire:
Éclaire ma raison, prends soin de ma mémoire,
Et dirige mes pas dans les champs de l'honneur.

SCENE IX.

ADRIEN, ÉMIRENE.

ADRIEN, à part.

JUSTES Dieux! je la vois.... Captive trop chérie,
Faut-il à mon rival que je te sacrifie?
Non; le courroux des Dieux me dût-il menacer,
Mon cœur à tant d'attraits ne sauroit renoncer.

ÉMIRENE.

Seigneur, je viens à vous interdite & tremblante.

ADRIEN, à part.

Ciel!

ÉMIRENE se jette à genoux.

Laissez-vous toucher à ma voix suppliante.

ADRIEN la relève.

Émirene, que faites-vous?

ÉMIRENE.

Non, laissez-moi, Seigneur, embrasser vos genoux.
On dit qu'à votre char indignement traînée,
Dans Rome, avec mépris, je dois être menée;
Plutôt que de souffrir cet outrage odieux,
Vous verriez Émirene expirer à vos yeux.

ADRIEN.

Pour abaisser l'orgueil d'un rival qui me brave,

A Pharnaſpe, il eſt vrai, j'ai dicté cet arrêt,
Mais en le prononçant mon cœur en murmuroit;
Je ſens trop qu'en ces lieux vous n'êtes point eſclave.
Connoiſſez mieux votre vainqueur,
Raſſurez-vous, belle captive;
Rendez le calme à votre ame craintive,
Jugez mieux de Céſar, liſez mieux dans ſon cœur.
Si jamais l'aimable Emirene
Dans Rome doit porter ſes pas,
Je veux l'y voir aſſiſe en ſouveraine,
Régner ſur l'univers ſoumis à ſes appas.

EMIRENE.

Que dites-vous, Seigneur?

ADRIEN.

Ce que mon cœur deſire.

EMIRENE.

Captive de Céſar...

ADRIEN.

Il vous offre l'empire.

EMIRENE.

Que diront les Romains & leur orgueil jaloux?

ADRIEN.

Ils tomberont à vos genoux.

EMIRENE.

Quoi! Céſar amoureux!

ADRIEN.

Vous consacre sa vie.

EMIRENE.

Et ses exploits?

ADRIEN.

Il vous les sacrifie.

EMIRENE.

Sa gloire?

ADRIEN.

Elle s'accroît en régnant avec vous.

EMIRENE.

Sabine impunément sera-t-elle trahie?

ADRIEN.

Adrien ne connoît, ne voit, n'aime que vous.
N'hésitez pas, belle princesse;
Ne craignez rien, cédez à ma vive tendresse...

EMIRENE.

Ciel!

ADRIEN.

Venez, suivez-moi, Rome vous tend les bras.

EMIRENE, *vivement.*

Seigneur, que dites-vous? non, ne l'espérez pas.
Fidelle à mon amant, à mon pere fidelle,
Je ne formerai point une chaîne nouvelle;
Et Pharnaspe, l'objet de mon premier amour,

Conservera ma foi jusqu'à mon dernier jour.

ADRIEN.

N'abusez point du trouble de mon ame
En nommant un rival objet de mon courroux ;
Si de César vous méprisez la flamme,
Il peut s'oublier avec vous.

EMIRENE.

Je ne puis vous flatter d'une vaine espérance,
Seigneur, Pharnaspe seul peut être mon époux.

ADRIEN.

Eh bien, vous connoîtrez ce que peut ma vengeance,
L'audacieux rival tombera sous mes coups.

EMIRENE.

Ayez pitié de moi, Seigneur, appaisez-vous.

ADRIEN.

César impunément ne sera point jaloux.

EMIRENE.

Ensemble.

Faites tomber sur moi toute votre colere,
Mais hélas! épargnez mon pere, mon époux.

ADRIEN.

Ingrate, à ma fureur rien ne peut le soustraire,
L'audacieux rival tombera sous mes coups.

SCENE X.

ADRIEN, EMIRENE, RUTILE, PEUPLE.

CHŒUR DU PEUPLE derriere le théâtre.

DIEUX! justes Dieux, secourez-nous.

ADRIEN à EMIRENE.

O Ciel! quels cris se font entendre?

CHŒUR de PEUPLE.

Dieux! justes Dieux! secourez-nous.

ADRIEN.

Je l'ai prévu, le Parthe a voulu nous surprendre.

RUTILE.

(*Le Peuple entre en désordre.*)

Ensemble.

César, commandez-nous, & venez nous défendre.

CHŒUR.

Ah! venez nous défendre.

ADRIEN.

Aux armes! Syriens, Romains, accourez tous.

CHŒUR.

Aux armes!

ADRIEN.

Que le Parthe expire sous nos coups.

CHŒUR.

Ensemble. Dieux! protégez César, & combattez pour nous.

ADRIEN.

Aux armes, Syriens, Romains, accourez tous.

EMIRENE.

Dieux! épargnez mon pere, & sauvez mon époux.

(*Elle rentre au palais.*)

SCENE XI.

ADRIEN, RUTILE, ROMAINS, COSROES, PHARNASPE, PARTHES

(*Tandis que Rutile assemble sa troupe du côté du temple, & Adrien la sienne du côté du Palais, on voit Cosroës & Pharnaspe qui repoussent Flaminius de l'autre côté du fleuve.*)

Ensemble.

PHARNASPE de loin.

Le Ciel seconde mon courage,
Oui, la victoire est en nos mains.

ADRIEN.

Dieux! le Parthe vainqueur repousse les Romains!

COSROES de loin.

Frappez, redoublez le carnage.
Oui, la victoire est en nos mains.

CHŒUR de PEUPLE *ſur le devant de la Scène.*

Dieux ! nous levons vers vous nos ſuppliantes mains,
Repouſſez l'ennemi, ſauvez-nous de ſa rage.

(Pendant ce Chœur, Cosroës & Pharnaſpe ont chassé Flaminius, & ſont maîtres de l'autre rive.

ADRIEN à RUTILE.

Ami, par l'autre pont conduiſez vos ſoldats,
Je vais par celui-ci leur fermer le paſſage ;
Inveſtis par nos fers ils n'échapperont pas.

(RUTILE *ſort avec ſa troupe par la droite, entre le fleuve & le templet ;* ADRIEN *avec la ſienne monte ſur le pont & attaque de front les ennemis.)*

SCENE XII.

LES PRÉCÉDENS, FEMMES & PRÊTRES.

(Les Prêtres ouvrent les portes du temple, les Femmes & une partie du Peuple s'y précipitent ; le reſte avec les Prêtres ſe proſternent ſur les marches & embraſſent les Statues des Divinités.)

PHARNASPE de loin en combattant.

LE Ciel ſeconde mon courage,
Oui, la victoire eſt en nos mains.

CHŒUR DE ROMAINS, en combattant.

Confondons leur orgueil ſauvage.

Montrons que nous ſommes Romains.

COSROÈS.

Frappez, redoublez le carnage.

PARTHES.

Frappons, redoublons le carnage.

COSROES.

Que la flamme & le fer, inſtruments de ma rage,
Exterminent tous les Romains.

CHŒUR DE ROMAINS.

Confondons leur orgueil ſauvage,
Montrons que nous ſommes Romains.

CHŒUR de PRÊTRES, FEMMES & PEUPLE devant le temple.

Dieux, nous levons vers vous nos ſuppliantes mains;
Confondez l'ennemi, ſauvez-nous de ſa rage.

Enſemble.

(*Le combat continue & s'anime; COSROÈS & PHARNASPE repouſſent la troupe d'ADRIEN, & lui font repaſſer le pont; mais FLAMINIUS, qui revient par la rive qui eſt entre le fleuve & le palais, s'unit à l'empereur & l'aide à repouſſer le Parthe. COSROES repaſſe le pont, & il eſt entraîné dans la fuite par ſes ſoldats; mais, au moment où il veut s'échapper par le côté droit de l'autre rive, RUTILE arrive avec ſa troupe, & lui ferme le chemin. Le combat redouble avec fureur de l'autre côté du fleuve; PHARNASPE inveſti ſur le pont par RUTILE, ADRIEN & FLAMINIUS, s'y défend avec rage, mais enfin il est entraîné sur le devant, & , au moment où sa troupe résiste encore, le pont sappé par les Romains s'écroule avec fracas, & renverse dans le fleuve tous les Parthes qui y restoient. Cosroès, qui vouloit le secourir, voit crouler le pont presque sous ses pieds, & il est entraîné dans la fuite par les siens. On entend les cris de victoire; & le peuple & les femmes sortent du temple, pour voir le vainqueur qui tient Pharnaspe prisonnier.)*

SCENE XIII.

ADRIEN, PHARNASPE enchaîné, Prisonniers Parthes, FLAMINIUS, RUTILE, Soldats Romains, Peuple d'Antioche, Femmes & Prêtres.

ADRIEN.

Romains, enfin les Dieux vous donnent la victoire.

TOUS.

Victoire!

ADRIEN.

Cosroës en fuyant échappe à mon courroux,
Mais Pharnaspe est captif, & suffit à ma gloire.

CHŒUR GÉNÉRAL.

Les Dieux nous donnent la victoire,
Jupiter & César ont combattu pour nous.
Invincible Adrien, rien ne manque à ta gloire,

Non

Non, rien ne peut résister à tes coups.
Les Dieux nous donnent la victoire,
Jupiter & César ont combattu pour nous.

ADRIEN.

Dans le temple des Dieux à nos armes propices,
Soldats, allons offrir nos vœux reconnoissans,
Qu'on prodigue par-tout les parfums & l'encens,
Et que tous nos autels fument de sacrifices.
Allez, & que le Parthe enchaîné sur vos pas,
Apprenne à respecter & Rome & ses soldats.

(*Sur une marche guerrière toutes les troupes défilent devant* ADRIEN, *& rentrent dans le temple. Pendant la marche, le peuple témoigne sa joie en chantant & dansant autour des prisonniers.*)

CHŒUR.

Les Dieux nous donnent la victoire,
Jupiter & César ont combattu pour nous... *&c.*

Fin du premier Acte.

ACTE SECOND.

Le théatre représente, dans le fond, une montagne qui l'occupe en entier, & qui se prolonge sur tout le côté gauche, relativement aux spectateurs. Cette montagne, taillée presque perpendiculairement, paroît inaccessible; cependant, sur la droite, elle offre un peu de pente, par une crouppe hérissée d'arbres & de rochers.

Une grande grotte, placée dans l'angle à gauche, sert d'entrée à un conduit souterrein très-long & très-obscur, & dont l'issue est fermée par une porte.

A la droite, on voit une aîle du palais, ou plutôt une porte avec un escalier qui est supposée aboutir au palais. Vis-à-vis, à gauche, une demi-voûte creusée dans la montagne sert de temple à la déesse Derceto, *divinité de Syrie.*

SCENE PREMIERE.

EMIRENE, RUTILE suivi de Soldats Romains.

RUTILE.

Oui, Princesse, en ces lieux Adrien va se rendre;
C'est là qu'il doit passer, voilà le souterrein
Qui du palais au camp abrège le chemin,

Et c'eſt ici que nous venons l'attendre.

(*Rutile poste une partie de ſes ſoldats à l'entrée de la grotte ; puis il ſe place lui-même, avec le reste de ſa troupe, à la porte du palais.*)

EMIRENE ſeule.

Que puis-je faire, hélas! & que dois-je eſpérer ?
Pharnaſpe eſt dans les fers d'un vainqueur en furie,
Et quand je tremble pour ſa vie,
C'eſt ſon perſécuteur qu'il me faut implorer.
Pardonne, cher amant, pardonne à mes allarmes;
Si d'un cruel rival j'implore le ſecours;
Les Dieux m'en ſont témoins, c'eſt pour ſauver tes jours,
Que je veux eſſayer le pouvoir de mes larmes.
Amour, toi qui ſus l'attendrir,
A ma tremblante voix viens prêter tous tes charmes;
Et fais qu'à mes accents il ſe laiſſe fléchir.

SCENE II.

EMIRENE, ADRIEN, RUTILE, SOLDATS ROMAINS.

EMIRENE, à part.

DIEUX! le voici. Je tremble, & je reſpire à peine.

ADRIEN dans le fond.

Rutile, ſuivez-moi. Ciel! je vois Emirene.

Eloignons-nous.

EMIRENE.

Seigneur, où portez-vous vos pas?

Permettez. . . .

ADRIEN.

Je ne puis.

EMIRENE.

Ah! ne me fuyez pas.

Si ma douleur vous importune,

N'en accufez, Seigneur, que ma trifte infortune.

ADRIEN.

Non, laiffez-moi...

EMIRENE.

Du moins décidez de mon fort,

J'attends de votre bouche ou la vie ou la mort.

ADRIEN.

Princeffe, je n'ai point menacé votre vie.

EMIRENE.

Ah! plût aux Dieux, Seigneur, qu'elle me fût ravie;

Et que, moins inhumain, Céfar n'eût point, hélas!

De mon époux ordonné le trépas.

ADRIEN.

S'il fubit le trépas, on lui fera juftice,

Et je laiffe aux Romains le foin de fon fupplice.

EMIRENE.

Son ſupplice !

ADRIEN.

Le traître ! il paroît devant moi
Sous le titre ſacré d'envoyé de ſon roi ;
Et ſa lâche fureur me tend un piège infâme,
Et porte en mon palais & le fer & la flamme !
Il mérite la mort.

EMIRENE.

Mais il eſt malheureux,
Il eſt votre captif, vous êtes généreux.
S'il périt, hélas, s'il ſuccombe,
Victime de votre courroux,
Percez mon cœur des mêmes coups,
Et couvrez de la même tombe
Votre captive & ſon époux.
Ah ! s'il faut des Romains aſſouvir la colère,
Que je meure pour lui, victime volontaire ;
C'eſt moi qui dois périr, ſes crimes ſont les miens,
Seigneur, tranchez mes jours, mais épargnez les ſiens.
S'il périt, hélas ! s'il ſuccombe,
Victime de votre courroux,
Percez mon cœur des mêmes coups,
Et couvrez de la même tombe
Votre captive, & ſon époux.

ADRIEN à part.

O ciel !

EMIRENE, *vivement.*

Vous m'écoutez, & votre cœur ſoupire.
Céſar va pardonner; ſenſible à mes malheurs,
Sa clémence n'a pu réſiſter à mes pleurs.

ADRIEN.

Oui, je veux arracher le trait qui vous déchire.
Que Pharnaſpe ſoit libre & conſerve le jour.

EMIRENE.

Dieux!

ADRIEN.

J'épargne un rival, jugez de votre empire;
Mais que, fuyant loin de ma cour,
Il ne ſe montre plus aux lieux où je reſpire.

EMIRENE.

O divine clémence! oui, c'eſt avec raiſon
Que l'univers reſpecte & bénit votre nom.

ADRIEN.

Rutile, de Pharnaſpe allez briſer la chaîne;
J'accorde ſon pardon aux larmes d'Emirene;
Mais quand la nuit obſcurcira les cieux,
Qu'il tremble, ſi Céſar le retrouve en ces lieux.

(*Rutile ſort.*)

SCENE III.

ADRIEN, EMIRÈNE.

ADRIEN, à EMIRENE.

EH bien ! vous l'emportez ; & mon cœur trop sensible
Épargne un rival odieux.
Vous seule à mes desirs serez-vous inflexible ?
Et quand vous exigez une preuve d'amour,
César ne peut-il rien obtenir à son tour ?

EMIRENE.

Ah ! Seigneur, quand votre clémence
Sauve les jours d'un Prince malheureux,
Qu'exigez-vous de moi ? votre cœur généreux
Veut-il un autre prix que la reconnoissance ?

ADRIEN, avec transport.

Partagez mon empire, & couronnez mes feux ;
Régnez sur l'Univers, c'est tout ce que je veux.

SCENE IV.

ADRIEN, EMIRÈNE, FLAMINIUS, SOLDATS.

FLAMINIUS.

SEIGNEUR, des bords du Tibre aux rives de l'Oronte,
Sabine est arrivée, & vous cherche en ces lieux.

ADRIEN.

Sabine ! juste Ciel !

EMIRENE, à part.

Quel bonheur !

ADRIEN, à part.

Quelle honte !

FLAMINIUS.

Elle vient vous offrir son amour & ses vœux.

ADRIEN.

De paroître à ses yeux je n'ai pas le courage ;
Mon cher Flaminius, éloignez-la de moi.

FLAMINIUS.

Quoi ! Seigneur, pourriez-vous lui faire cet outrage ?
Sabine qui dans Rome a reçu votre foi !..

ADRIEN.

De grace, éloignez-la... juste Ciel ! je la voi !..

SCENE

SCENE V.

ADRIEN, EMIRENE, FLAMINIUS, SABINE, SOLDATS.

SABINE, à ADRIEN.

SEIGNEUR, enfin le Ciel comble mon eſpérance;
Je revois Adrien: les Romains & les Dieux
Ont orné de lauriers ſon front victorieux.
J'oublie en le voyant les tourmens de l'abſence.
Que de momens cruels loin de vous j'ai paſſés!
Que les jours étoient longs à mon impatience!
Mais je vous vois enfin; mes maux ſont effacés...
Vous détournez les yeux... vous gardez le ſilence..
Pourquoi cette contrainte? ou cette indifférence?

ADRIEN, à part.

Hélas!

SABINE.

Vous ſoupirez... quel accueil! quel maintien!
Sabine dans Céſar ne voit plus Adrien.

ADRIEN.

Sabine!...

SABINE.

Expliquez-vous: quel chagrin vous dévore?

ADRIEN.

Ciel !

SABINE.

Ne déchirez pas un cœur qui vous adore.

ADRIEN, *à part.*

Rien ne peut égaler le trouble de mes sens.
(*haut.*) De grace épargnez-moi...

SABINE.

Cruel, je vous entends.
Il est donc vrai ! brûlant d'une flamme nouvelle
De votre souvenir vous m'avez pû chasser ?
On me l'a dit cent fois, je n'ai pû le penser :
Fidelle à mon amour, je vous croyois fidèle.
Mais tout ici confirme un funeste soupçon,
Et déjà dans mon cœur il verse le poison.

ADRIEN.

Oui, vous voyez mon trouble extrême,
Je ne le cache point, tous mes sens sont émus :
Frappé de mille objets confus,
Je rougis, je frémis, j'ai honte de moi-même,
Mes yeux sont égarés, je ne me connois plus.
Mon cœur ne cherche point à voiler sa foiblesse ;
Indigne de votre tendresse.
Indigne de votre courroux,
Je ne dois plus songer qu'à m'éloigner de vous.
N'attendez pas que je m'excuse,

Je sens toute ma trahison;
Plus fortement que vous peut-être je m'accuse;
Mais un charme fatal a séduit ma raison.
Ce trouble me poursuit, me déchire, m'accable;
A vous, à mes amis, à moi-même odieux,
Je ne dois que vous fuir, & cacher à vos yeux
La honte d'un amant coupable.
Mon cher Flaminius, venez, suivez mes pas;
Dans ce désordre affreux ne m'abandonnez pas.

(*Il entre sous la grotte, Flaminius le suit, ainsi que les Soldats qui gardoient le Palais & le souterrein.*)

SCENE VI.

SABINE, EMIRÈNE.

SABINE, à elle-même.

JUSTE Ciel! est-ce à moi que ce discours s'adresse?
Est-ce ainsi qu'il m'accueille? est-ce ainsi qu'il me laisse?
Des maux qu'on m'annonçoit, & dont j'ai tant douté,
J'éprouve donc enfin l'affreuse vérité!

(*Haut.*)

A cet étrange accueil, je devine sans peine
Que j'ai devant mes yeux la superbe Emirène;
Et je m'étonne moins, depuis que je la voi,
Que César soit séduit, & trahisse sa foi.

Qui peut à tant d'attraits diſputer l'avantage ?

EMIRENE.

Au lieu de m'adreſſer un diſcours qui m'outrage,
Plaignez plutôt le ſort qui s'attache à mes pas ;
Si vous le connoiſſiez, vous ne l'envîriez pas.

SABINE.

Croyez-vous me tromper à force d'artifice ?
Votre vainqueur au moins ſe rend plus de juſtice.
Juſtes Dieux ! une eſclave, & la fille d'un roi,
Triomphe de Céſar, & l'emporte ſur moi !
Je ſais tous vos deſſeins, captive ambitieuſe ;
Mais tremblez ; votre orgueil a tout à redouter :
Du trône des Céſars la route eſt périlleuſe,
Et la mort vous attend où vous voulez monter.
De Rome craignez la colere,
Elle fixe ſur vous ſes terribles regards.
Rome ſouffrira-t-elle une eſclave étrangere
Aſſiſe inſolemment au trône des Céſars ?
Déjà ma vengeance s'apprête.
Du peuple, des ſoldats j'armerai la fureur
Contre l'indigne eſclave, & ſon lâche vainqueur :
Je leur demanderai ta tête ;
Et quiconque eſt Romain deviendra mon vengeur.

EMIRENE

Dans mon cœur malheureux ſi votre œil ſavoit lire,
Vous vous repentiriez d'un injuſte courroux ;

Et... que vois-je, grands dieux! Pharnaſpe! mon époux!

SABINE, à part.

Son époux! que veut-elle dire?

SCENE VII.

SABINE, EMIRENE, PHARNASPE.

PHARNASPE.

OUI, c'eſt lui que tu vois tomber à tes genoux.

EMIRENE.

Mon époux près de moi!

PHARNASPE.

L'amour ſut m'y conduire.

SABINE, à part.

Qu'entends-je?

PHARNASPE.

On me défend de reſter en ces lieux;
En m'ordonnant de fuir, on a rompu ma chaîne,
Mais Pharnaſpe dût-il expirer à tes yeux,
Il n'a pu s'éloigner ſans revoir Emirène.
Dieux! dont j'ai tant de fois imploré le ſecours,
Prolongez des momens, & ſi doux, & ſi courts.

ÉMIRENE, *à Sabine.*

De vos ſoupçons cruels connoiſſez l'injuſtice :
Vous voyez ſi mon cœur eſt rempli d'artifice.

SABINE.

Généreuſe étrangere, excuſez ma fureur ;
L'affreuſe jalouſie a cauſé mon erreur ;
Mais, ſans vous fatiguer d'une excuſe ſtérile,
Écoutez mes deſſeins, je veux vous être utile.
L'Empereur eſt abſent, fuyez loin de ce bord.
Vous êtes ſeuls ici, l'occaſion eſt belle :

PHARNASPE ET ÉMIRENE.

Dieux !

SABINE.

Et je vais chercher un eſclave fidele
Qui guide votre marche & vous conduiſe au port.

PHARNASPE.

O Ciel !

ÉMIRENE.

Que dites-vous ?

SABINE.

Que tout vous favoriſe.
Qu'aux chaînes du vainqueur vous pouvez échapper,
Que j'ai trop d'intérêt à ne pas vous tromper,
Et que je vais chercher quelqu'un qui vous conduiſe.

(*Elle ſort.*)

SCENE VIII.

PHARNASPE, ÉMIRENE.

PHARNASPE.

Quelle eſt cette Romaine ? Et quel Dieu dans ſon ſein
A mis ce généreux deſſein ?

ÉMIRENE.

De Céſar autrefois la main lui fut promiſe,
Elle a crû que ſur lui j'aſpirois à régner,
Et des yeux d'Adrien elle veut m'éloigner.

PHARNASPE.

Saiſiſſons le bonheur que le Ciel nous envoie.

ÉMIRENE.

Dieux puiſſans, exaucez nos vœux.

PHARNASPE.

Bonheur ineſpéré !

ÉMIRENE.

Que de larmes de joie
Mon pere va répandre en nous voyant tous deux !

PHARNASPE.

Eſpoir conſolateur !

ÉMIRENE.

O moment plein de charmes !

ENSEMBLE.

O du sort bienheureux retour!
Qu'il est doux après tant d'allarmes,
Qu'il est doux de revoir l'objet de son amour!

SCENE IX.

PHARNASPE, ÉMIRENE, SABINE, UN ESCLAVE.

SABINE.

Pharnaspe, fiez-vous à ce guide fidele.
Allez, Prince, volez où l'Amour vous appelle;
Les chemins sont ouverts; ce vaste souterrein
Et du fleuve & du port abrège le chemin:
D'un habitant des lieux je m'en suis informée,
Deux routes en sortant s'offriront à vos pas,
La gauche mène au fleuve, & la droite à l'armée;
Saisissez la premiere, & ne la quittez pas.

ÉMIRENE.

O Ciel! avec Pharnaspe on pourra me surprendre!

SABINE.

Tandis que de la fuite il fera les apprêts,
Princesse, quelque temps il vous faudra l'attendre.

PHARNASPE.

Je vais tout disposer pour nos heureux projets:
Jusqu'à

Jusqu'à la nuit, au port, j'ai le droit de descendre;
Et quand tout sera prêt au gré de nos souhaits,
Dans ces lieux écartés je viendrai te reprendre.

TOUS TROIS.

O Dieux! daignez nous protéger:
Secondez un dessein que l'amour nous inspire;
A ce larcin daignez sourire,
Et de nos pas écartez le danger.

(PHARNASPE entre sous la grotte avec son guide, & SABINE rentre dans le palais.)

SCENE X.

ÉMIRENE, seule.

Au milieu du bonheur que le sort me présente
Je ne sais quel pressentiment
Trouble mon cœur & l'épouvante....
Et je tremble pour mon amant.
Éloignons de nos yeux cette funeste image,
Concevons, s'il se peut, un plus heureux présage,
Espérons tout des Immortels:
Oui, Pharnaspe, les Dieux prendront soin de ta vie,
Nous reverrons bientôt notre chere patrie,
Mon pere, nos amis, nos temples, nos autels,
Et l'Hymen serrera la chaîne qui nous lie....

J'entends des cris affreux, & des gémissemens....
Le bruit s'appaise.... Il recommence....
Au haut de ces rochers quelle foule s'avance?
Dieux! ce sont des Romains qui courent aux combats.
Fuyons. A leurs regards ne nous exposons pas.
Grands Dieux! de mon époux écartez les allarmes.

(*Elle sort.*)

SCENE XI.

(*On voit sur la montagne Cosroès avec une troupe de Parthes. Ils poursuivent des Romains, & en égorgent plusieurs. Cosroès a pris la dépouille d'un Romain & s'en est revêtu.*)

COSROÈS, PARTHES, sur la montagne.

COSROES.

POURSUIVEZ, arrêtez, frappez tous les Romains:
Point de grace! Qu'aucun n'échappe de vos mains,
Et prenez comme moi leur dépouille & leurs armes.
Sous ce déguisement nous nous cacherons mieux,
Et de nos ennemis nous tromperons les yeux.

(*Les soldats Parthes dépouillent les morts & prennent leurs casques, leurs épées, leurs boucliers.*)

COSROES, au bord du rocher.

Mes amis, c'est ici qu'il nous faudra descendre.
La route est difficile & le péril certain:

Mais pour la gloire il faut tout entreprendre;
Suivez-moi, Cosroës vous montre le chemin.

(Ils descendent péniblement de rochers en rochers, & en se suspendant aux arbres & aux brossailles : ceux qui sont en bas les premiers élevent leurs boucliers, pour faciliter la descente des autres.)

COSROES, au bas de la montagne.

Oh! mes amis, le Ciel protege mon dessein.
Retirons-nous sous cette grotte sombre;
Marchons sans bruit, & cachons-nous dans l'ombre,
Et lorsque le tyran passera près de nous,
Qu'il tombe au même instant percé de mille coups.
(à voix basse.)
Dieu des enfers, Pluton, sois-nous propice,
Je te prépare un brillant sacrifice;
Vas! nous ne mourrons point sans nous être vengés.

CHŒUR.

Dieu des enfers, Pluton, *&c.*

COSROES.

Percé de mille coups que le tyran périsse,
Et que le fer des Romains égorgés
Soit l'instrument de son supplice.

CHŒUR.

Percé de mille coups *&c.*

(Ils se retirent en silence sous la caverne.)

SCENE XII.

ÉMIRENE revient ſeule, lentement & avec crainte.

Le tumulte a ceſſé, je n'entends plus de bruit;
A l'horreur des combats un calme affreux ſuccede.
O cher époux, c'eſt toi que j'appelle à mon aide,
Viens diſſiper la frayeur qui me ſuit....
Il ne vient point... Hélas!.. chaque moment m'accable.
Tout ſe taît... Nul mortel ne paroît à mes yeux.
Ah! puiſſe-t-il choiſir ce moment favorable
Pour hâter notre fuite, & ſortir de ces lieux.
Peut-être de la grotte on a fermé l'iſſue;
Voyons....

(Elle s'approche de la grotte.)

COSROES.

Frappez, ſoldats, frappez, il eſt à nous.

ÉMIRENE.

Qu'entends-je? cette voix ne m'eſt point inconnue?

COSROES.

Frappez, & redoublez les coups.

EMIRENE.

Juſte Ciel! je me meurs....

(Elle tombe évanouie derriere un rocher qui est à droite à l'entrée de la grotte, de maniere qu'en ſortant du ſouterrein on ne peut l'appercevoir.)

SCENE XIII.

EMIRENE *évanouie*, COSROES, SOLDATS PARTHES, ADRIEN *dans la grotte.*

COSROES en ſortant de la grotte.

C'EN eſt fait, il expire.
Grands Dieux! j'obtiens enfin le prix que je deſire.
(*aux Soldats.*) Fuyez, nos deſſeins ſont remplis.

ADRIEN, dans la grotte.

Vous n'échapperez pas, perfides ennemis.

COSROES.

Dieux! quelle voix!...

(*Les Parthes fuient avec précipitation en jettant leurs armes, & ils remontent de rochers en rochers comme ils ſont deſcendus. Coſroès reſte ſeul.*

ADRIEN dans la grotte.

Romains, achevez votre ouvrage.
Pourſuivez, égorgez, n'écoutez que la rage;
Sondez tous les détours, cherchez dans tous les lieux.

(*On entend un grand tumulte & un cliquetis d'armes dans la grotte.*)

COSROES.

Ciel! il reſpire encore! impitoyables Dieux,

Vous égarez mes coups, vous trompez ma vengeance:
Que vois-je? c'eſt lui qui s'avance.
Que faire?... en ce réduit tentons encor le ſort;
Si le tyran m'y cherche, il trouvera la mort.

(Il ſe cache ſous le petit temple qui eſt du côté de la Reine ; Emirène, qui eſt revenue à elle, le voit, & croit, à ſon déguiſement, que c'eſt un Romain.)

EMIRENE.

Je tremble! quel Romain, dans ce lieu ſe retire?
Il tient un fer ſanglant! quel ſang a-t-il verſé?
O cher époux!....

(Elle retombe.)

SCENE XIV.

LES PRÉCÉDENS, ADRIEN, SOLDATS ROMAINS.

ADRIEN.

ENFIN, le traître eſt repouſſé;
Il a cru me frapper, grace au ciel, je reſpire.
Quand j'ai ſauvé ſes jours, ce perfide aſſaſſin
Pour prix de mes bienfaits veut me percer le ſein.

SCENE XV.

LES PRÉCÉDENS, RUTILE, PHARNASPE *conduit par des Soldats Romains.*

RUTILE montrant PHARNASPE.

CÉSAR, voici l'auteur de l'attentat impie.

COSROES dans le temple.

Pharnaſpe entre leurs mains!

ADRIEN à PHARNASPE.

Traître lâche & cruel,
Quand je briſe tes fers, quand j'épargne ta vie,
Tu me veux pour adieu porter un coup mortel.

PHARNASPE.

Moi vouloir te frapper! c'eſt une calomnie.

CHŒUR de SOLDATS ROMAINS.

A la mort qu'il n'échappe pas.
Laiſſez-nous à vos yeux lui donner le trépas.

EMIRENE accourt.

Barbares, arrêtez, épargnez la victime.

COSROES à part.

Ma fille!

EMIRENE.

Mon époux n'eſt point l'auteur du crime,
Le meurtrier eſt un Romain.

ADRIEN & tous les Romains.

Ciel !

EMIRENE.

Je l'ai vu ſortir de cette grotte ſombre ;
J'ai vu le fer ſanglant qu'il tenoit dans ſa main,
Il a fui dans ce temple, il s'y cache dans l'ombre.

COSROES ſe montrant.

Ne cherche pas plus loin, tu le vois devant toi.

ADRIEN.

Un Parthe déguiſé !

EMIRENE.

Dieux ! mon père !

PHARNASPE.

Mon roi !

ADRIEN.

Qu'entends-je ? Coſroës !

COSROES.

Oui, tyran, c'eſt lui-même ;
Il a ſoif de ton ſang, il veut s'en abreuver.

(*Il court ſur* ADRIEN, *mais les Romains lui arrachent le fer & le ſaiſiſſent.*)

ADRIEN.

Traître, connois des Dieux la juſtice ſuprême ;
Ils ont trompé ta rage, ils m'ont ſu préſerver.
Mais ton ſupplice eſt prêt, & ta mort eſt certaine.

EMIRENE.

EMIRENE.

Ah! Seigneur, écoutez....

ADRIEN.

Je n'écoute plus rien.

EMIRENE.

Verrez-vous ſans pitié la tremblante Emirene?

ADRIEN *à* COSROÈS.

Tu deſirois mon ſang, je verſerai le tien.

COSROES.

Ne crois pas m'effrayer.

ADRIEN.

Soldats, qu'on les entraîne.

Enſemble.

EMIRENE.

Ah! cruels, rendez-moi mon père, mon époux.

PHARNASPE.

Dieux! épargnez mon roi, je me livre à vos coups.

ADRIEN.

Qu'ils meurent! rien ne peut appaiſer mon courroux.

COSROES.

Coſroës en mourant bravera ton courroux.

CHŒUR *de* SOLDATS.

Qu'ils périſſent tous deux, qu'ils tombent ſous nos coups!

(*Les Soldats entraînent Coſroës & Pharnaſpe, Emirene s'attache à ſon père & ne veut pas le quitter, Adrien rentre au palais.*)

Fin du ſecond Acte.

ACTE TROISIEME.

Le théatre repréſente un vaſte périſtile du palais de l'Empereur. Le fond eſt un jardin qui s'étend juſqu'au fleuve Oronte. Des montagnes couronnent l'horizon.

SCENE PREMIERE.

SABINE, DAMES ROMAINES, MATELOTS.

SABINE, en entrant.

AH ! ne me parlez plus de l'ingrat qui m'outrage ;
Fuyons, abandonnons ce funeſte rivage.
Vous, pour un prompt départ allez tout préparer.

(Les Matelots prennent le chemin du fleuve, & montent ſur un vaiſſeau qu'ils ont l'air d'apprêter pour le départ.)

Puiſſent les vaſtes mers qui nous vont ſéparer,
Effacer de mon cœur cette cruelle injure,
Et me faire oublier juſqu'au nom du parjure.

UNE ROMAINE.

Ah! plutôt....

SABINE.

C'eſt aſſez. Qu'avant la fin du jour,
Tout ſoit prêt pour quitter cet odieux ſéjour.
Allez.

(*Les femmes de Sabine s'éloignent.*)

SCENE II.

SABINE *ſeule.*

O JOUR affreux! ô comble de miſere!
J'ai donc quitté ma patrie & mon pere;
Des flots & des combats j'ai bravé le danger,
Pour chercher un affront ſous un ciel étranger!
Dieux de l'Hymen, Dieux que j'atteſte,
Venez, vengez-vous, vengez-moi,
Et frappez du courroux céleſte
L'époux qui m'abandonne & qui trahit ſa foi.
Il eſt donc vrai! je ſuis trahie.
Ma douleur, mon amour, rien n'a pu le fléchir.
Je l'aimois: pour l'ingrat j'aurois donné ma vie....
Ah! plus il me fut cher, plus je dois le haïr.
Quittons ces lieux que je déteſte;
Remontons ſur ces mers, & chaſſons de mon cœur

L'image de l'ingrat qui cause mon malheur.
Perdons le souvenir d'un amour si funeste,
Chassons, effaçons de mon cœur
L'image de l'ingrat qui cause mon malheur.
On vient... Ciel! c'est lui qui s'approche!

SCENE III.

SABINE, ADRIEN.

ADRIEN vient lentement d'un air pensif.

DIEUX! Sabine! évitons un trop juste reproche.
(Il veut s'éloigner.)

SABINE.

Pourquoi me fuyez-vous, Seigneur? ne craignez rien:
Je vous dispenserai d'un fâcheux entretien;
Vous n'aurez pas long-temps à souffrir ma présence,
Et votre amour.....

ADRIEN.

Cessez un discours qui m'offense:
Je n'ai point oublié tout ce que je vous doi,
Et croyez que mon cœur...

SABINE.

Perfide, laisse-moi.
Il n'est plus temps d'employer l'artifice.

Redoute les Romains, ils me feront justice.
Souviens-toi que plus grand, plus chéri des soldats,
Titus se vit contraint à chasser Bérénice,
Et qu'Antoine en Egypte a trouvé le trépas.

(Elle sort.)

SCENE IV.

ADRIEN seul.

REDOUTE les Romains... Eh! que pourront-ils dire!
N'est-ce pas pour régner que j'ai reçu l'empire?
Voudroient-ils me forcer à dicter mon malheur!
Et ne puis-je à mon gré disposer de mon cœur?
Est-ce pour m'asservir qu'ils m'ont nommé leur maître?
Non....

SCENE V.

ADRIEN, RUTILE.

RUTILE.

SEIGNEUR, devant vous Cosroës va paroître.

(Il se retire.)

ADRIEN.

Pourſuivons mes deſſeins, & tâchons en ce jour
D'accorder, s'il ſe peut, ma gloire & mon amour.
O Rome, ô ma Patrie,
Révoque une ſévere loi;
Obéis ſans rougir à la fille d'un roi:
Celle qui fait l'ornement de l'Aſie,
Eſt digne de régner ſur Céſar & ſur toi.
Quand tu verras celle que j'aime,
De tant d'attraits épriſe comme moi,
Tu mettras à ſes pieds l'auguſte diadême,
Et tu voudras toi-même
Obéir à ſa loi.
Faiſons fléchir l'orgueil du pere d'Emirène;
Voyons ſi ſon courroux... mais c'eſt lui qu'on amène.

SCENE VI.

ADRIEN, COSROES, RUTILE, GARDES.

COSROES enchaîné.

QUE me veut-on? combien ai-je encore à ſouffrir?
Coſroës eſt captif, il eſt prêt à mourir;
Qu'exiges-tu de lui?

ADRIEN.

J'exige qu'il m'entende,
Qu'il réprime sa haine, ou du moins la suspende.
Les Dieux entre mes mains ont remis votre sort,
Vous m'avez offensé, j'ai juré votre mort :
Vous êtes dans les fers, & je suis sur le trône ;
Ici tout m'obéit, & tout vous abandonne.
Sans crainte, sans remords je puis trancher vos jours,
Vous êtes sans pouvoir, sans espoir, sans secours,
Le sort vous ravit tout.... César veut tout vous rendre.

COSROES.

Que dis-tu ?

ADRIEN.

Ce discours a droit de vous surprendre,
Mais notre inimitié peut finir à jamais.
A vous solliciter c'est-moi qui veux descendre,
Et c'est votre vainqueur qui demande la paix.

COSROES.

Tu mets sans doute un prix à de si grands bienfaits ?

ADRIEN.

Oui, la main d'Emirene est le bien où j'aspire,
Je vous rends à ce prix & la vie & l'empire.

COSROES.

J'ai prévu ta réponse. Eh quoi donc ! un Romain

De la fille d'un roi desireroit la main?
Jusqu'à la demander sa majesté s'abaisse?
Justes Dieux! les Héros ont-ils tant de foiblesse?

ADRIEN.

Prince, c'en est assez, vous m'avez entendu;
A ces conditions tout vous sera rendu.

COSROES.

(haut.)

César, mon choix est fait. Qu'on appelle Émirene.

ADRIEN.

(à Rutile.) (aux Gardes.)

Allez. Et vous, Soldats, qu'on détache sa chaîne.

COSROES.

Non, laissez-moi mes fers, je n'en sens plus le poids.

ADRIEN.

Pourquoi les conserver?

COSROES.

Je le veux, je le dois.

ADRIEN.

Vous refuseriez-vous au nœud que je desire?

COSROES.

Qui pourroit refuser & la vie & l'empire?

ADRIEN, à part.

Accepte-t-il mes dons? Veut-il dissimuler?
(haut.)
Émirene paroît.

COSROES.

COSROES.

Laisse-moi lui parler.

SCENE VII.

ADRIEN, COSROÈS, ÉMIRENE, GARDES.

ÉMIRENE, voyant Cosroès enchaîné.

O MON pere !

COSROES.

Ma fille, appaise tes allarmes;
Nous triomphons : taris la source de tes larmes.

EMIRENE.

O Ciel! que dites-vous?

COSROES.

Tu vois quel est mon sort;
J'ai bravé le Romain, il a juré ma mort :
Je suis dans les liens, César est sur le trône,
Tout le craint, tout l'adore, & tout nous abandonne,
Sans scrupule, sans crainte, il peut trancher mes jours,
Nous sommes sans appui, sans espoir, sans secours...

EMIRENE.

Eh bien?

COSROES.

Ce changement a droit de te surprendre;
Le sort me ravit tout, César veut tout me rendre.

EMIRENE.

Oh Ciel !

ADRIEN *à* EMIRENE.

Et c'eſt de vous que dépend ſon deſtin.

EMIRENE.

Ah ! s'il dépend de moi, ſon bonheur eſt certain.

COSROES.

Ma fille, conſens-tu d'obéir à ton pere ?

EMIRENE.

Sans doute.

COSROES.

Promets donc d'accomplir mes ſouhaits.

EMIRENE.

Pour conſerver vos jours que ne dois-je point faire?

COSROES.

Eh bien! écoute donc ma volonté derniere :
Déteſte ce tyran autant que je le hais.

EMIRENE.

Grands Dieux !

ADRIEN.

Qu'ai-je entendu ? quelle fureur barbare !

EMIRENE *à ſon pere.*

Hélas ! ignorez-vous le ſort qu'on vous prépare ?

COSROES.

J'ai tout prévu.

EMIRENE.

Mon pere, ah! daignez m'écouter.

COSROES.

Quand on attend la mort, que peut-on redouter?
(*à Adrien.*) Foible Romain, as-tu pu croire
Que je m'abaisserois à flatter tes amours,
Et que pour conserver quelques malheureux jours,
Je voudrois souiller ma mémoire?
Par l'aspect des tourmens ne crois pas m'ébranler.
Au milieu des bourreaux je conserve ma gloire,
Et mon dernier soupir peut te faire trembler.

EMIRENE, avec effroi.

O mon pere!

ADRIEN à COSROÈS.

Barbare!

COSROES.

Exerce ta vengeance,
Je brave ton orgueil & ta vaine puissance;
Ni le fer ni le feu ne me feront pâlir,
Viens, suis-moi, Cosroës veut t'apprendre à mourir.

EMIRENE.

O funeste fierté!

ADRIEN.

Rutile, qu'on l'entraîne.

EMIRENE.

Ciel!

ADRIEN aux Soldats.

Et vous, dans ces lieux retenez Emirene.

(*Rutile emmene Cosroës avec une partie des Gardes, les autres empêchent Emirène de suivre son pere.*)

SCENE VIII.

EMIRENE, SOLDATS.

EMIRENE.

Ah! barbares, du moins ne nous séparez pas;
O Ciel! on me retient, on arrête mes pas.
Mon pere va périr... je n'ai plus d'espérance;
Grands Dieux! par mon trépas terminez ma souffrance.

SCENE IX.

EMIRENE, PHARNASPE, SOLDATS *dans le fond.*

PHARNASPE.

EMIRENE!

EMIRENE.

Ah! Pharnaſpe, en ce moment d'effroi,
Que fais-tu dans ces lieux?

PHARNASPE.

Je viens ſauver mon roi.

EMIRENE.

Hélas! il n'eſt plus temps, Céſar veut qu'il périſſe,
Il a déjà peut-être ordonné ſon ſupplice.

PHARNASPE.

Tu peux l'en préſerver, tu n'as qu'à le vouloir.

EMIRENE.

Par quel moyen, grands Dieux?

PHARNASPE.

Par un grand ſacrifice,
Oublions notre amour, ne ſongeons qu'au devoir.

EMIRENE.

Que dis-tu?

PHARNASPE.

L'Empereur eſt épris de tes charmes;
Il t'adore, il peut tout accorder à tes larmes.
Offre-lui cette main promiſe à mon amour,
Et ton pere à ce prix conſervera le jour.

EMIRENE.

Que me conſeilles-tu?

PHARNASPE.

Ce que l'honneur m'inſpire.

EMIRENE.

Et tu pourras vivre ſans moi?

PHARNASPE.

Ne me demande pas quel ſera mon martyre;

EMIRENE.

Et mon époux m'impoſe une ſi dure loi?

PHARNASPE.

Il veut te rendre un pere, il veut ſauver ſon roi.

EMIRENE.

Pardonne, cher amant, pardonne:
D'un ſi pénible effort mon cœur s'eſt allarmé.
Quand il faut que je t'abandonne,
Pourquoi te montres-tu ſi digne d'être aimé?

PHARNASPE.

Renonçons pour jamais aux momens pleins de charmes,
Dont nous avons conçu l'espoir:
Ne m'affoiblis point par tes larmes;
En te voyant pleurer, j'oublîrois mon devoir.

EMIRENE.

O cruel sacrifice!

PHARNASPE.

Hélas! trop nécessaire!

EMIRENE.

Il faut donc te quitter?

PHARNASPE.

Il faut sauver ton pere.

EMIRENE.

Et toi, qu'esperes-tu?

PHARNASPE.

M'éloigner... (*à part.*) & mourir.

EMIRENE.

Tu vas m'abandonner?

PHARNASPE.

Ton pere va périr.

ENSEMBLE.

O trouble affreux qui me dévore!
Dans ce moment où je reçois

L'adieu de celui / celle que j'adore,
Hélas! lorſque ſa douce voix
Dans mon cœur retentit encore,
C'eſt donc pour la derniere fois
Que je l'entends, que je le / la vois.
O trouble affreux qui me dévore! &c.

SCENE X.

PHARNASPE, EMIRENE, ADRIEN, RUTILE.

ADRIEN ſortant du Palais.

J'AI tardé trop long-temps à punir ſon forfait,
Allez de ce barbare ordonner le ſupplice.
(Rutile ſort avec les Gardes.)

EMIRENE.

Ah! Seigneur, arrêtez, que ma voix vous fléchiſſe!

ADRIEN.

Non.

EMIRENE.

Daignez m'écouter, vous ſerez ſatisfait.

PHARNASPE.

Ton épouſe à tes pieds implore ta clémence.

ADRIEN.

Mon épouſe !

PHARNASPE.

Seigneur, Emirène eſt à toi.
Elle t'offre ſa main, elle renonce à moi,
Puiſſe-t-elle à ce prix déſarmer ta vengeance.

ADRIEN.

Qu'entends-je ?

PHARNASPE.

Je la quitte, & je lui rends ſa foi.
Oui, duſſé-je en perdre la vie,
Pour ſauver Coſroës, je te la ſacrifie,
Et c'eſt ainſi qu'un Parthe eſt fidele à ſon roi.

ADRIEN.

O générosité qu'à peine je conçoi!
Emirène!

EMIRENE.

Seigneur!

ADRIEN.

Vous gardez le ſilence?

EMIRENE.

Pharnaſpe vous répond de mon obéiſſance.
Je ſubirai la loi que vous m'impoſerez:
Et pourvu que mon pere vive,
Votre épouſe, ou votre captive,

Je vous ſuivrai par-tout où vous me conduirez.
Ah! ne craignez pas qu'Emirène
Vous accuſe jamais de cauſer ſon malheur;
Elle vous chérira comme un libérateur,
Et ſon cœur oublîra qu'il eut une autre chaîne.
Je vous ſuivrai, *&c.*

SCENE XI.

LES PRÉCÉDENS, SABINE, FLAMINIUS, FEMMES DE SABINE.

SABINE.

SEIGNEUR, lorſque je vais abandonner ces lieux,
Daignerez-vous au moins recevoir mes adieux?

ADRIEN.

Vous partez?

SABINE.

Pouvez-vous en ignorer la cauſe?
Vous n'oſiez m'ordonner l'exil que je m'impoſe,
Et de cet embarras je vous ai ſoulagé.

ADRIEN.

O ciel!

SABINE.

Ne craignez rien d'un amour outragé;

Je ne médite point une indigne vengeance;
Et quand vous m'accablez de votre indifférence,
Autant que votre cœur le mien n'a pas changé.
Jouiſſez d'un deſtin proſpere;
Que vos jours ſoient heureux comme ils ſont éclatans:
Oui, j'impoſe ſilence à mes reſſentimens,
Je force mon cœur à ſe taire,
Et j'oublîrai bientôt, j'eſpere,
Que j'avois reçu vos ſermens.

ADRIEN.

A fuir ſi promptement, qui vous a donc réduite?

SABINE.

Je n'ai d'eſpoir, Seigneur, que dans la fuite,
Et c'eſt Flaminius qui doit m'accompagner.

ADRIEN.

Flaminius! eh quoi! mon ami m'abandonne!
(*à part.*)
Qu'ai-je entendu, grands Dieux! quelle horreur m'environne?

FLAMINIUS.

Tout m'avertit, Seigneur, que je dois m'éloigner.

ADRIEN.

Vous me quittez auſſi, vous ami ſi fidèle?
Vous qui m'avez donné tant de preuves de zèle?

Vous que j'aimois enfin ! qui m'aimiez...

FLAMINIUS.

Oui, Seigneur;
J'adorois Adrien, je quitte l'Empereur.

ADRIEN, à part.

O reproche cruel ! ô honte insupportable !

SCENE DERNIERE.

ADRIEN, PHARNASPE, FLAMINIUS, EMIRÈNE, COSROES, RUTILE, GARDES, PEUPLE *de Syrie*, LICTEURS.

(*Les* LICTEURS *conduisent* COSROES *enchaîné.*)

RUTILE.

César, les Sénateurs ont jugé le coupable.

EMIRENE & PHARNASPE.

Dieux !

RUTILE.

Ils ont condamné Cosroës à la mort ;
Ordonnez, les licteurs vont terminer son sort.

ADRIEN.

Oui, je veux me venger, oui, je veux vous punir,
Vous qui conspirez tous à me faire rougir :
(*à Flaminius.*)
Je te rends grâce, ami, dont l'austere sagesse
Osa, pour me sauver, éclairer ma foiblesse :
Et je bénis la main qui vient de m'arrêter
Aux bords du précipice où j'allois me jetter :
Cosroës, recevez, la liberté, l'empire ;

Avec votre amitié promettez-nous la paix;
Je ne l'exige point, Prince, je la desire.
Que nos ressentimens s'effacent pour jamais;
Qu'Emirene & Pharnaspe, unis par l'hyménée,
Me doivent de leurs jours la trame fortunée;
Et vous, fiere Sabine, acceptez un époux
Que vous & vos vertus rendront digne de vous.

SABINE, EMIRENE & PHARNASPE.

O clémence! ô grandeur! ô bonté tutélaire.

ADRIEN.

Pardonnez à mon cœur une erreur passagere.

EMIRENE.

Heureux par vos bienfaits, nous allons vous bénir.

PHARNASPE.

Et ton nom va régner dans le vaste avenir.

SABINE.

Dieux! je revois enfin l'Adrien que j'adore.

ADRIEN.

Eh bien! Flaminius, me quittez-vous encore?

FLAMINIUS.

A cet heureux retour je m'étois attendu,
César, je n'ai jamais douté de ta vertu.

COSROES, à qui on a ôté les chaînes.

Je ne puis résister au transport qui m'anime.
Oui, César m'a vaincu. Jadis, par sa valeur,
Il avoit conquis mon estime,
Par ses vertus il a gagné mon cœur.

(Ils se donnent la main.)

CHŒUR GÉNÉRAL, à ADRIEN.

Les Dieux veilleront sur ta vie,
Heureux Prince, ton nom ne périra jamais.
Par tes exploits tu subjuguas l'Asie,
Mais tu règnes par tes bienfaits.

ADRIEN.

Que les Parthes captifs soient libres désormais :
De l'olivier sacré couronnons notre tête,
Sur les autels jurons la paix,
Et que d'un double hymen on célebre la fête.

CHŒUR.

Les Dieux &c.

(La piece finit par un Divertissement, dans lequel on célebre le double mariage d'ADRIEN & de SABINE, de PHARNASPE & d'EMIRENE.)

FIN.

www.ingramcontent.com/pod-product-compliance
Ingram Content Group UK Ltd.
Pitfield, Milton Keynes, MK11 3LW, UK
UKHW021631260726
13994UKWH00003B/1159

9 782329 319681

Bibliothèque médicale
CHARCOT-DEBOVE

Dr E. VALUDE

Les Ophtalmies
du nouveau-né

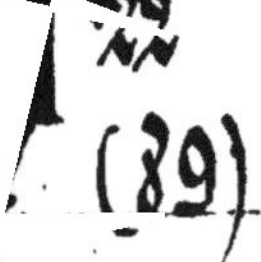

RUEFF et Cie, EDITEURS
106, Boulevard Saint-Germain, PARIS

BIBLIOTHÈQUE MÉDICALE

FONDÉE PAR MM.

J.-M. CHARCOT et G.-M. DEBOVE

DIRIGÉE PAR M.

G.-M. DEBOVE

Membre de l'Académie de médecine,
Professeur à la Faculté de médecine de Paris.
Médecin de l'hôpital Andral.

BIBLIOTHÈQUE MÉDICALE CHARCOT-DEBOVE

Reliure amateur, tête dorée, le volume 3 fr. 50

VOLUMES PARUS DANS LA COLLECTION :

V. Hanot. La Cirrhose hypertrophique avec ictère chronique.
G.-M. Debove et **Courtois-Suffit.** Traitement des Pleurésies purulentes.
J. Comby. Le Rachitisme.
Ch. Talamon. Appendicite et Pérityphlite.
G.-M. Debove et **Rémond** (de Metz). Lavage de l'estomac.
J. Seglas. Des troubles du langage chez les aliénés.
A. Sallard. Les Amygdalites aiguës.
L. Dreyfus-Brisac et **I. Bruhl.** Phtisie aiguë.
P. Sollier. Les Troubles de la mémoire.
De Sinety. De la Stérilité chez la femme et de son traitement.
G.-M. Debove et **J. Renault.** Ulcère de l'estomac.
G. Daremberg. Traitement de la phtisie pulmonaire, 2 vol.
Ch. Luzet. La Chlorose.
E. Mosny. Broncho-Pneumonie.
A. Mathieu. Neurasthénie.
N. Gamaleïa. Les Poisons bactériens.
H. Bourges. La Diphtérie.
Paul Blocq. Les Troubles de la marche dans les maladies nerveuses.
P. Yvon. Notions de pharmacie nécessaires au médecin, 2 vol.
L. Galliard. Le Pneumothorax.
E. Trouessart. La Thérapeutique antiseptique.
Juhel-Rénoy. Traitement de la fièvre typhoïde.
J. Gasser. Les Causes de la fièvre typhoïde.
G. Patein. Les Purgatifs.
A. Auvard et **E. Caubet.** Anesthésie chirurgicale et obstétricale.
L. Catrin. Le Paludisme chronique.
Labadie-Lagrave. Pathogénie et traitement des Néphrites et du mal de Bright.
E. Ozenne. Les Hémorroïdes.
Pierre Janet. État mental des hystériques. Les Stigmates mentaux.
H. Luc. Les Névropathies laryngées.
R. du Castel. Tuberculoses cutanées.
J. Comby. Les Oreillons.
Chambard. Les Morphinomanes.
J. Arnould. La Désinfection publique.
Achalme. Érysipèle.
P. Boulloche. Les Angines a fausses membranes.
E. Lecorché Traitement du diabète sucré.
Barbier. La Rougeole.
M. Boulay. Pneumonie lobaire aiguë, 2 vol.
A. Sallard. Hypertrophie des amygdales.
Richardière. La Coqueluche.
G. André. Hypertrophie du cœur.
E. Barié. Bruits de souffle et bruits de galop.
L. Galliard. Le Choléra.

Polin et **Labit.** HYGIÈNE ALIMENTAIRE.
Boiffin. TUMEURS FIBREUSES DE L'UTÉRUS.
E. Rondot. LE RÉGIME LACTÉ.
Ménard. LA COXALGIE TUBERCULEUSE.
F. Verchère. LA BLENNORRHAGIE CHEZ LA FEMME, 2 vol.
Pierre Janet. ETAT MENTAL DES HYSTÉRIQUES. ACCIDENTS MENTAUX.
F. Legueu. CHIRURGIE DU REIN ET DE L'URETÈRE.
P. de Molènes. TRAITEMENT DES AFFECTIONS DE LA PEAU, 2 vol.
Ch. Monod et **J. Jayle.** CANCER DU SEIN.
P. Mauclaire. OSTÉOMYÉLITES DE LA CROISSANCE.
Blache. CLINIQUE ET THÉRAPEUTIQUE INFANTILES, 2 vol.
A. Reverdin (de Genève). ANTISEPSIE ET ASEPSIE CHIRURGICALES.
Louis Beurnier. LES VARICES.
G. André. L'INSUFFISANCE MITRALE.
Guermonprez (de Lille) et **Bécue** (de Cassel). ACTINOMYCOSE.
P. Bonnier. VERTIGE.
De Grandmaison. LA VARIOLE.
A. Courtade. ANATOMIE, PHYSIOLOGIE ET SÉMÉIOLOGIE DE L'OREILLE.
J. Duplaix. DES ANÉVRYSMES.
Ferrand. LE LANGAGE, LA PAROLE ET LES APHASIES.
Paul Rodet et **C. Paul.** TRAITEMENT DU LYMPHATISME.
H. Gillet. RYTHMES DES BRUITS DU CŒUR (physiologie et pathologie).
Lecorché. TRAITEMENT DE LA GOUTTE.
J. Arnould. LA STÉRILISATION ALIMENTAIRE.
Legrain. MICROSCOPIE CLINIQUE.
A. Martha. DES ENDOCARDITES AIGUËS.
E. Périer. HYGIÈNE ALIMENTAIRE DES ENFANTS.
J. Comby. EMPYÈME PULSATILE.
L. Poisson. ADÉNOPATHIES TUBERCULEUSES.
Pierre Achalme. IMMUNITÉ DANS LES MALADIES INFECTIEUSES.
Laveran. DES HÉMATOZOAIRES CHEZ L'HOMME ET LES ANIMAUX.
R. Blanchard. LES VERS DU SANG.
E. Valude. LES OPHTALMIES DU NOUVEAU-NÉ.

POUR PARAITRE PROCHAINEMENT :

Magnan et **Legrain.** LES DÉGÉNÉRÉS.
Charcot et **Pitres.** LES CENTRES CORTICAUX MOTEURS.
M. Bureau. LES AORTITES.
G. Martin. MYOPIE, HYPERROPIE, ASTIGMATISME.
Mauclaire et **de Bovis.** DES ANGIOMES.
J. Garel. RHINOSCOPIE.
A. Robin. RUPTURES DU CŒUR.
Legry. LES CIRRHOSES ALCOOLIQUES DU FOIE.
Denucé. LE MAL DE POTT.

LES

OPHTALMIES

DU NOUVEAU-NÉ

PAR E. VALUDE

Médecin de la Clinique Nationale Ophtalmologique des Quinze-Vingts.

PARIS

RUEFF ET Cie, EDITEURS

106, BOULEVARD SAINT-GERMAIN, 106

1895

LES OPHTALMIES
DU NOUVEAU-NÉ

DIVISION DU SUJET

Dans les premiers jours ou les premières semaines qui suivent la naissance, le nouveau-né est encore assez fréquemment, surtout dans certains milieux, atteint d'ophtalmie.

Le plus communément, la maladie revêt le type franc, très aigu, que tout le monde connaît sous le nom d'ophtalmie purulente des nouveau-nés ou *blennorrhœa neonatorum.*

D'autres fois, cependant, l'ophtalmie affecte une allure différente ; elle est plus lente en son évolution, ou plus atténuée dans ses symptômes ; il est des cas aussi où la muqueuse malade apparaît, non plus seulement chargée d'une sécrétion purulente ou muco-purulente, mais recouverte d'une couenne grisâtre.

Enfin, à côté de ces variétés d'ophtalmies caractérisées par la présence du pus, il peut se produire également, chez les enfants du premier âge, des atteintes de diphtérie conjonctivale vraie. Il n'existe alors que peu ou pas de sécrétion purulente.

Ces diverses ophtalmies, si elles ne sont pas toutes spéciales au premier âge, revêtent un caractère particulier chez le nouveau-né et méritent, à ce titre, une étude à part, d'autant que leur différenciation n'est pas toujours chose facile.

Nous commencerons par la forme la plus connue et la plus commune de toutes, par celle qui constitue, en somme, le but réel de ce travail, à cause de son importance et de ses suites, par l'ophtalmie purulente, dite ophtalmie des nouveau-nés.

Nous aurons ensuite, dans une deuxième partie, à étudier les suites de ces ophtalmies.

PREMIÈRE PARTIE

LES OPHTALMIES

I

OPHTALMIE PURULENTE

(*Blennorrhœa neonatorum*).

SYMPTOMATOLOGIE

Début. — Au troisième jour de la naissance se montre, le plus souvent sur un œil d'abord, rarement des deux côtés à la fois, un gonflement rosé des paupières qui ne tarde pas à prendre des proportions considérables, surtout à la paupière supérieure. Les bords palpébraux offrent parfois une coloration d'un rose très vif, et ce signe, lorsqu'il apparaît tout d'abord, même avant tout gonflement, peut déjà faire présager le début de l'ophtalmie.

A ce moment, si l'on écarte les paupières, ce qui est encore, à cette période, une chose facile, on voit sourdre quelques gouttes d'un liquide clair, très trans-